BEI GRIN MACHT SICH IHR WISSEN BEZAHLT

Bibliografische Information der Deutschen Nationalbibliothek:

Die Deutsche Bibliothek verzeichnet diese Publikation in der Deutschen National-
bibliografie; detaillierte bibliografische Daten sind im Internet über http://dnb.d-
nb.de/ abrufbar.

Dieses Werk sowie alle darin enthaltenen einzelnen Beiträge und Abbildungen
sind urheberrechtlich geschützt. Jede Verwertung, die nicht ausdrücklich vom
Urheberrechtsschutz zugelassen ist, bedarf der vorherigen Zustimmung des Verla-
ges. Das gilt insbesondere für Vervielfältigungen, Bearbeitungen, Übersetzungen,
Mikroverfilmungen, Auswertungen durch Datenbanken und für die Einspeicherung
und Verarbeitung in elektronische Systeme. Alle Rechte, auch die des auszugsweisen
Nachdrucks, der fotomechanischen Wiedergabe (einschließlich Mikrokopie) sowie
der Auswertung durch Datenbanken oder ähnliche Einrichtungen, vorbehalten.

Impressum:

Copyright © 2019 GRIN Verlag
Druck und Bindung: Books on Demand GmbH, Norderstedt Germany
ISBN: 9783346234650

Dieses Buch bei GRIN:

https://www.grin.com/document/914541

Anonym

Verbesserung der Beweglichkeit und Minimierung des Verletzungsrisikos. Trainingsplan für einen dreißigjährigen Mann

GRIN Verlag

GRIN - Your knowledge has value

Der GRIN Verlag publiziert seit 1998 wissenschaftliche Arbeiten von Studenten, Hochschullehrern und anderen Akademikern als eBook und gedrucktes Buch. Die Verlagswebsite www.grin.com ist die ideale Plattform zur Veröffentlichung von Hausarbeiten, Abschlussarbeiten, wissenschaftlichen Aufsätzen, Dissertationen und Fachbüchern.

Besuchen Sie uns im Internet:

http://www.grin.com/

http://www.facebook.com/grincom

http://www.twitter.com/grin_com

Deutsche Hochschule für

Prävention und Gesundheitsmanagement

Hermann Neuberger Sportschule 3

66123 Saarbrücken

Einsendeaufgabe

Fachmodul: Trainingslehre 3

Studiengang: Sportökonomie

Datum
Präsenzphase: 11.06.2019-13.06.2019

Studienort: **Düsseldorf**

Semester: **SS2017**

Inhaltsverzeichnis

1. Personendaten

Dokumentation der allgemeinen Daten der Testperson:

Tab. 1:   Allgemeine Daten und Gesundheitszustand

Allgemeine Daten	
Alter	30
Geschlecht	Männlich
Körpergröße	188 cm
Körpergewicht	84 kg
Berufliche Tätigkeit	Marketing Manager
Aktuelle sportliche Aktivitäten	Fußball: 4 mal pro Woche Fitnessstudio: 2 mal pro Woche
Frühere sportliche Aktivitäten	EMS-Training statt Fitnessstudio: 1 mal pro Woche
Trainingsmotive	Beweglichkeit steigern, Verletzungsrisiko minimieren
Leistungsstufe	Gut
Zeitlicher Verfügungsrahmen	Max. 2 Stunden pro Woche

Gesundheitszustand	
Orthopädische Probleme	Nicht bekannt
Internistische Probleme	Nicht bekannt
Ärztliche Behandlung	Aktuell keine
Medikamente	Keine
Sonstige Einschränkungen	Keine

Biometrische Parameter	
Körperfettanteil	16 %

Tab 2.   Klassifikation des Körperfettanteils

Alter in Jahren	Niedrig	Normal	Hoch	Sehr hoch
20 – 39	< 8%	8 – 20%	20 – 25%	>= 25%

2. Beweglichkeitstestung

Nach der Aufnahme der Personendaten wird eine Beweglichkeitstestung, in diesem Fall der Test nach „Janda" (2000), durchgeführt.

Tab 3.   Beweglichkeitstestung

Testübung / Muskulatur (lateinisch und deutsch)	Testdurchführung	Bewertung	Testergebnis (Stufe)
M. pectoralis major Brustmuskulatur	Die Testperson liegt in Rückenlage am seitlichen Rand einer Behandlungsliege. Der zu testende Arm hängt an frei herunter. Die Beine werden angewinkelt und die Füße gerade aufgestellt, sodass unterer Rücken und Becken fixiert sind. Anschließend findet im zu testenden Arm eine Abduktion um 90° und eine Außenrotation im Schultergelenk statt. Dabei wird auch das Ellenbogengelenk in einem 90°-Winkel angewinkelt. Als zusätzliche Unterstützung des Tests spannt die Testperson die Bauchmuskulatur an, damit sich während des Tests weder Becken, noch unterer Rücken von der Matte lösen, da ansonsten die Testergebnisse verfälscht wären. Aus der Position des Oberarmes zu der Horizontalen kann nun das Testergebnis abgeleitet werden.	Stufe 0: Keine Beweglichkeitsdefizite. Der Oberarm erreicht die Horizontale

Stufe 1: Leichte Beweglichkeitsdefizite. Der Oberarm erreicht die Horizontale durch leichte externe Hilfe

Stufe 2: Deutliche Beweglichkeitsdefizite. Der Oberarm erreicht die Horizontale auch durch externe Hilfe nicht | Rechts: 0 Links: 0 |

M. iliopsoas Hüftbeugemuskulatur	Die Testperson befindet sich in Rückenlage auf der Behandlungsliege. Das Gesäß liegt dabei am hinteren Rand der Liege auf. Die Testperson winkelt ein Bein an und zieht dieses an die Brust. Das andere Bein hängt über den Rand der Liege und wird nicht angespannt. Gemessen wird nun anhand der Position vom Oberschenkel zur horizontalen. Eine fixierte Position der Lendenwirbelsäule ist Voraussetzung für die Richtigkeit des Ergebnisses.	Stufe 0: Keine Beweglichkeitsdefizite. Der Oberschenkel erreicht die Horizontale Stufe 1: Leichte Beweglichkeitsdefizite. Der Oberschenkel erreicht die Horizontale durch leichte externe Hilfe Stufe 2: Deutliche Beweglichkeitsdefizite. Der Oberschenkel erreicht die Horizontale auch durch externe Hilfe nicht	Rechts: 1 Links: 1
M. rectus femoris Kniestreckmuskulatur	Die Ausgangsposition der Testperson ist hier genauso wie in der Übung zuvor. Auf dem Rücken liegend wird das zu testende Bein locker vom Ende der Liege hängen gelassen. Der Tester fixiert das andere Bein in angewinkelter Position mit maximaler Extension im Hüftgelenk. Gemessen wird das Ergebnis nun anhand des Beugewinkels im Kniegelenk.	Stufe 0: Keine Bewegelichkeitsdefizite. Der Unterschenkel hängt senkrecht herab Stufe 1: Leichte Beweglichkeitsdefizite. Der Unterschenkel erreicht 90° durch externe Hilfe Stufe 2: Deutliche Beweglichkeitsdefizite. Der Unterschenkel erreicht 90° auch durch externe Hilfe nicht	Rechts: 0 Links: 0

Mm. ischiocurales Kniebeugemuskulatur	Die Testperson befindet sich in Rückenlage auf der Liege. Beide Beine liegen zunächst in gerader Position auf der Liege. Nun hebt die Testperson das zu testende Bein bis zur maximalen Flexion im Hüftgelenk ab. Dabei bleibt das Kniegelenk durchgehend gestreckt. Gemessen wird anhand des Hüftbeugewinkels, also aus dem Winkel zwischen Beinachse und Longitudinalachse. Um Verfälschungen zu vermeiden müssen Becken und Lendenwirbelsäule fixiert bleiben.	Stufe 0: Keine Beweglichkeitsdefizite. Eine Flexion im Hüftgelenk von 90° ist möglich Stufe 1: Leichte Beweglichkeitsdefizite. Eine Flexion im Hüftgelenk von 80-90° ist möglich Stufe 2: Deutliche Beweglichkeitsdefizite. Eine Flexion im Hüftgelenk von unter 80° ist möglich	Rechts: 1 Links: 1
Mm. triceps surae Wadenmuskulatur	Die Testperson liegt in Rückenlage auf der Liege. Das nicht zu testende Bein steht angewinkelt auf der Liege, das zu testende Bein liegt ausgestreckt auf der Liege, wobei die Hälfte des Unterschenkels über das Ende der Liege hinausragt. Mit einer Hand greift der Tester nun an die Ferse des zu testenden Beins, mit der anderen Hand übt er nun Druck auf die Außenkante des Fußes aus. Ziel ist die maximale Dorsalextension.	Stufe 0: Keine Beweglichkeitsdefizite. Eine Dorsalextension bis 0° ist möglich Stufe 1: Leichte Beweglichkeitsdefizite. Eine Dorsalextension ist möglich, jedoch wird 0° nicht ganz erreicht Stufe 2: Deutliche Beweglichkeitsdefizite. Eine Dorsalextension ist lediglich bis 10° vor der 0°-Stellung möglich	Rechts: 0 Links: 0

Der Gesundheitszustand der Testperson lässt ein uneingeschränktes Training zu. Es liegen weder gesundheitliche Einschränkungen, noch irgendwelche Risiken vor.

Grundsätzlich haben sich in dem Beweglichkeitstest keine auffälligen Defizite bei der Testperson herauskristallisiert. Die leichten Defizite in der Hüftbeugemuskulatur, sowie in der Kniebeugemuskulatur können sich aus den Hobbys in Kombination mit zu wenig Beweglichkeilstraining ergeben. Alles in allem sind die Testergebnisse nicht überraschend.

Da die Testperson allerdings zur Verletzungsprophylaxe die Beweglichkeit erhalten, bzw. verbessern möchte, empfiehlt sich ein Beweglichkeits- und Koordinationstraining. Dieses soll der Testpersonhelfen, das primäre Ziel der Verletzungsfreiheit zu erreichen. Auch für seine hauptsächlich sitzende Tätigkeit als Marketing-Manager wird ein Ganzkörper-Beweglichkeitstraining präventiv, z.b. gegen Rückenschmerzen, nützlich sein.

3. Trainingsplanung Beweglichkeitstraining

Die folgende Tabelle zeigt den Trainingsplan zum Beweglichkeitstraining. Aufgeteilt ist diese in Dehnübung, Zielmuskulatur, Durchführungsbeschreibung, Dehnmethode und Belastungsgefüge.

Tab. 4.   Trainingsplanung Beweglichkeit

Dehnübung	Muskulatur	Beschreibung der Durchführung	Dehnmethode	Belastungsgefüge
Dehnung der Brustmuskulatur	M. pectoralis major	Die Testperson steht mit festem Stand gerade vor der Wand. Der linke Arm wird auf Schulterhöhe angehoben, das Ellenbogengelenk befindet sich im rechten Winkel. Nun wird der Unterarm an die Wand gelehnt und der Oberkörper wird nach rechts herausgedreht, bis eine Dehnung im Brustmuskel spürbar ist. Nach kurzer Dehnphase dreht sich die Testperson wieder gerade in Richtung Wand und führt nun das gleiche auf der anderen Seite durch.	Dynamisch-passiv	5x 5 Sekunden pro Seite

Dehnung der seitlichen Rückenmuskulatur	M. latissimus dorsi	Die Testperson befindet sich im Vierfüßerstand. Nun wird die rechte auf die linke Hand gelegt. Mit geradem Rücken wird anschließend das Gesäß Richtung Verse geschoben, bis eine Dehneng im seitlichen Teil der Rückenmuskulatur spürbar ist.	Statisch aktiv	3x 15 Sekunden
Dehnung des Rückenstreckers	M. Erector spinae	Wie bei der Übung zuvor befindet sich die Testperson im Vierfüßerstand. Die Hände sind jedoch gerade unterhalb der Schultern aufgestellt. Nun wird aus dieser Position mit geradem Rücken das Gesäß in Richtung Verse geschoben. Im besten Fall werden die Versen mit dem Gesäß berührt. Ansonsten wird das Gesäß so weit nach hinten geschoben, bis eine Dehnung im Rücken spürbar ist.	Statisch aktiv	3x 10 Sekunden
Dehnung des oberen Trapezes	M. trapecius descendens	Die Testperson neigt den Kopf seitlich nach rechts und zieht die linke Schulter gleichzeitig zum Boden. Anschließend wechselt er die Seite. Zum intensivieren kann der Kopf mit der rechten Hand mit leichtem Druck noch weiter Richtung Boden gezogen werden.	Statisch aktiv	3x 10 Sekunden

Dehnung des Hüftbeugers	M. iliopsoas	Die Testperson geht in einen Schritt-Knie-Stand mit einem Knie am Boden und dem anderen gerade nach vorne zeigend. Die Fußspitzen beider Füße zeigen ebenfalls nach vorne. Nun wird das Gesäß angespannt und das Becken nach vorne geschoben, bis eine Dehneng in der Beckenmuskulatur spürbar ist.	Statisch aktiv	3x 15 Sekunden
Dehnung der Adduktoren	Mm. Abductores	Die Testperson kniet auf dem Boden. Das Becken ist gerade über den Knien und der Oberkörper so weit nach vorne gelehnt, dass die Testperson sich mit den Unterarmen auf dem Boden abstützen kann. Aus dieser Position heraus werden die Knie nun so weit wie möglich nach außen geschoben, bis eine Dehnung in den Adduktoren spürbar ist.	Statisch passiv	3x 20 Sekunden
Dehnung des Beinstreckers	M. quadriceps femoris	Die Testperson steht in einem hüftbreiten Stand. Das linke Bein wird nun nach hinten angewinkelt, das Fußgelenk wird mit der linken Hand gegriffen und in Richtung Gesäß gezogen. Der Oberkörper bleibt dabei aufrecht, die Knie bleiben aneinander. Nach 15 Sekunden wird die Seite gewechselt.	Statisch aktiv	3x 15 Sekunden

Dehnung der Wadenmusku-latur	M. gastrocnemius	Die Testperson steht auf einer leichten Erhöhung. Der linke Fuß wird so weit an den hinteren Rand geschoben, dass nur noch der Fußballen aufsteht. Dann wird die Verse Richtung Boden geschoben, bis eine Dehnung in der Wade spürbar wird. Anschließend wird die Seite ge-wechselt.	Dynamisch passiv	3x 10 Sekunden
Dehnung des Beinbeugers	M. biceps femoris	Die Testperson steht vor einer kleinen Erhörung. Das linke Bein wird auf die Erhöhung gelegt, das Kniegelenk ist gestreckt. Aus dieser Position wird nun der Oberkörper so weit nach vorne gescho-ben, bis eine Deh-nung im Beinbeuger spürbar ist. An-schließend wird das Bein gewechselt.	Statisch aktiv	3x 10 Wiederholun-gen pro Seite
Dehnung des Armstreckers	M. triceps brachii	Die Testperson steht in aufrechter Positi-on. Der linke Arm wird gerade nach oben gestreckt, im Ellenbogengelenk wird der Arm um 90° gebeugt. Nun greift die rechte Hand an den Ellenbogen des linken Arms und zieht mit geringem Druck den Ellenbo-gen in Richtung des Bodens, bis eine Dehnung im Triebs spürbar ist. An-schließend wird die Seite gewechselt.	Statisch aktiv	3x 10 Sekunden

Das dargestellte Trainingsprogramm wird 2x wöchentlich im Anschluss an ein Fußball-training durchgeführt. Da die Testergebnisse durchaus zufriedenstellend waren, ist das primäre Ziel, die jetzige Beweglichkeit zu halten bzw. nur punktuell zu verbessern. Zwei Trainingseinheiten sind außerdem völlig ausreichend, um der sitzenden beruflichen Tätigkeit präventiv entgegenzuwirken.

Es wurde bei der Erstellung des Plans jedoch auch darauf geachtet, besonders die beim Fußball beanspruchte Muskulatur beweglicher zu machen, um dem geäußerten Ziel, der Vorbeugung gegen Verletzungen, zu entsprechen.

Die Übungen für den Oberkörper sind sowohl für die Hobbys, als auch für den beruflichen Alltag vorteilhaft. Außerdem wird durch das Ganzkörper-Beweglichkeitstraining die gesamte Körperhaltung verbessert und möglichen Blockaden oder Verklemmungen der Muskulatur wird in jedem Bereich vorgebeugt.

Natürlich wurde auch darauf geachtet, gerade für die Muskelgruppen, die in dem Beweglichkeitstest leichte Defizite aufgewiesen haben, jeweils eine Übung einzubauen.

4. Trainingsplanung Koordinationstraining

Im Folgenden wird der Trainingsplan für ein Koordinationstraining tabellarisch darge-
stellt. Da es sich bei der Testperson um einen sportlichen Menschen handelt, der sowohl
Erfahrung im Fußball, als auch im Fitnessbereich hast und dadurch mit komplexen Be-
wegungsabläufen vertraut ist, sind die Übungen bewusst eher für Fortgeschrittene gewählt.

Tab. 5. Trainingsplanung Koordination

Übung	Hilfsmittel	Beschreibung der Durch-führung	Belastungsgefüge
Füße hintereinan-der, Augen ge-schlossen		Die Testperson steht bar-fuß oder in Socken auf dem Boden und stellt den rechten Fuß hinter den linken. Dabei berühren sich die Verse des linken und die Fußspitze des rechten Fußes. Anschlie-ßend schließt die Testper-son die Augen. Die Seiten werden abwechselnd trai-niert.	3x 30 Sekunden
Augen geschlossen, über ein Band ba-lancierend	Terraband	Die Testperson stellt sich barfuß oder in Socken vor das Band, schließt die Augen und versucht, über das Terraband zu balan-cieren.	3x hin & 3x zurück
Einbeinstand mit geschlossenen Augen		Die Testperson steht bar-fuß oder in Socken auf dem Boden, hebt das rechte Bein ab und schließt dann die Augen. Die Seiten werden im Wechsel trainiert.	3x 20 Sekunden

Einbeinstand mit geschlossenen Augen und Pendelbewegung der Arme		Die Testperson steht barfuß oder in Socken auf dem Boden, hebt das rechte Bein ab und schließt dann die Augen. Jetzt kommt eine entgegengesetzte Pendelbewegung der Arme hinzu. Die Seiten werden im Wechsel trainiert.	3x 15 Sekunden
Standwaage		Die Testperson steht in Socken auf dem Boden. Zunächst wird das linke Bein leicht angezeigt, das rechte wird gestreckt nach hinten heraus vom Boden gelöst. Der Oberkörper wird dabei nach vorne gelehnt. Die Endposition ist erreicht, wenn sich Oberkörper und rechtes Bein in der Horizontalen befinden. Anschließend wird die Seite gewechselt	3x 30 Sekunden
Standwaage mit Pendelbewegung der Arme		Die Testperson steht in Socken auf dem Boden. Zunächst wird das linke Bein leicht angezeigt, das rechte wird gestreckt nach hinten heraus vom Boden gelöst. Der Oberkörper wird dabei nach vorne gelehnt. Die Endposition ist erreicht, wenn sich Oberkörper und rechtes Bein in der Horizontalen befinden. Zusätzlich wird nun wieder die entgegengesetzte Pendelbewegung der Arme zusätzlich ausgeführt. Anschließend wird die Seite gewechselt	3x 20 Sekunden

13/18

Standwaage dynamisch		Die Testperson steht in Socken auf dem Boden. Zunächst wird das linke Bein leicht angezeigt, das rechte wird gestreckt nach hinten heraus vom Boden gelöst. Der Oberkörper wird dabei nach vorne gelehnt. Die Endposition ist erreicht, wenn sich Oberkörper und rechtes Bein in der Horizontalen befinden. Dann wird der gleiche Bewegungsablauf rückwärts bis in die Ausgangsposition durchgeführt. Dabei soll das rechte Bein dauerhaft in der Luft bleiben. Anschließend wird die Seite gewechselt	3x 12 Wiederholungen pro Seite
Füße hintereinander auf wackligem Untergrund	Balance Pad	Die Testperson steht barfuß oder in Socken auf dem Balance Pad und stellt den rechten Fuß hinter den linken. Dabei berühren sich die Verse des linken und die Fußspitze des rechten Fußes. Die Seiten werden abwechselnd trainiert.	3x 30 Sekunden
Füße hintereinander auf wackligem Untergrund mit geschlossenen Augen	Balance Pad	Die Testperson steht barfuß oder in Socken auf dem Balance Pad und stellt den rechten Fuß hinter den linken. Dabei berühren sich die Verse des linken und die Fußspitze des rechten Fußes. Zusätzlich werden die Augen geschlossen. Die Seiten werden abwechselnd trainiert.	3x 20 Sekunden

| Ausfallschritte | | Die Testperson steht bar-fuß oder in Socken auf dem Boden und ver-schränkt die Arme vor der Brust. Nun erfolgt ein gro-ßer Ausfallschritt mit dem rechten Beinnach vorne. Die Endposition ist so, dass das hintere Knie kurz vor dem Boden ist. Das vordere Knie sollte nicht über die Fußspitze hinaus-ragen. Anschließend wird sich mit einer kräftigen Stoßbewegung aus dem rechten Bein heraus wie-der in die Ausgangspositi-on gebracht. Dann erfolgt der gleiche Bewegungsab-lauf mit der anderen Seite. | 3x 8 Ausfallschritte pro Seite |
| Ausfallschritte mit geschlossenen Augen | | Die Testperson steht bar-fuß oder in Socken auf dem Boden und ver-schränkt die Arme vor der Brust. Nun erfolgt ein gro-ßer Ausfallschritt mit dem rechten Beinnach vorne. Die Endposition ist so, dass das hintere Knie kurz vor dem Boden ist. Das vordere Knie sollte nicht über die Fußspitze hinaus-ragen. Anschließend wird sich mit einer kräftigen Stoßbewegung aus dem rechten Bein heraus wie-der in die Ausgangspositi-on gebracht. Dann erfolgt der gleiche Bewegungsab-lauf mit der anderen Seite. Während der gesamten Durchführung sind die Augen geschlossen. | 3x 5 Ausfallschritte pro Seite |

15/18

Die Testperson soll das vorangegangene Training ein Mal wöchentlich zwischen dem Aufwärmen und dem Krafttraining einbauen. Die Intensität ist dabei so gewählt, dass die Testperson im Hinblick auf ihre Fähigkeiten ausreichend gefordert wird. Gleichzeitig wurde Wert darauf gelegt, dass nicht zu viel Energie bei dem Training aufgewendet werden muss, um keinen negativen Einfluss auf das anschließende Krafttraining zu haben (Chwilkowski, 2006, S. 60 ff).

5. Literaturrecherche

Tab. 6.   Literaturrecherche

	Studie I	Studie II
Titel	Bewegungsreichweite, Zugkraft und Muskelaktivität bei eigen- bzw. fremdregulierter Dehnung.	Effect of Foam Rolling and Static Stretching on Passiv Hip-Flexion Range of Motion
Autoren	S. Glück, M. Schwarz, U. Hoffmann, G. Wydra - Sportwissenschaftliches Institut der Universität des Saarlandes, Arbeitsbereich Gesundheitspädagogik/Sportpädagogik	Andrew R. Mohr, Blaine C. Long, Carla L. Goad
Publikation	2002	04.11.2014
Probanden	- 27 Sportstudenten - 16 männliche, 11 weibliche Teilenhemer - Alter: 25 Jahre (+/- 2 Jahre) - Gewicht: 68kg (+/- 10kg) - Größe: 176cm (+/- 8cm)	- 40 Personen - Weniger als 90° passive Hüftbeugung - Keine Verletzung der unteren Extremitäten innerhalb der letzten 6 Monate
Versuchsaufbau	- 3 zufällig eingeteilte Gruppen - Jeweils eine vorgegebene Testform pro Gruppe - Testform 1: Direkte Eigendehnung - selbstständiges Dehnen mithilfe eines Seilzugs - Testform 2: Indirekte Eigendehnung durch die Bedienung eines Motors - Testform 3: Indirekte Fremddehnung von einem Mitarbeiter	- 6 Einheiten - Messung direkt vor und nach den Einheiten - Die Einheiten bestanden aus statischem Dehnen, Ausrollen der Muskulatur oder aus einer Kombination von beidem - Kontrollgruppe ohne Übung - Messung mithilfe eines Neigungsmessgerätes, wobei die Probanden auf dem Rücken liegend oberhalb der Hüfte und oberhalb der Kniescheibe fixiert worden sind - Gemessen wurde die Hüftbeugung im nach oben gestreckten Bein

Schlussfolgerungen	- Ergebnis bei maximaler Bewegungsreich-	- Alle Testgruppen wiesen signifi-
	weite durch Eigendehnung signifikant höher	kante Verbesserungen im Ver-
	als bei der indirekten Dehnen (sowohl Ei-	gleich zur Kontrollgruppe auf
	gen- als auch Fremddehnung)	- Die größte Verbesserung erreichte
	- Andere Parameter ohne nennenswerte	die Gruppe, die die Kombination
	Unterschiede	aus Ausrollen und statischem
	- Fazit: Eigendehnung aufgrund des besse-	Dehnen ausübte, gefolgt von der
	ren Ergebnisses bei maximaler Bewe-	Gruppe, die statisch gedehnt hat.
	gungsreichweite mehr zu empfehlen als die	Die verhältnismäßig geringste
	anderen Testformen	Verbesserung erreichte die Gruppe
		die ausschließlich ausrollte
		- Fazit: Wer die Zeit hat, sollte die
		Kombination aus Ausrollen und
		statischem Dehnen ausüben

6. Literaturverzeichnis

Studienbrief: Trainingslehre3, Deutsche Hochschule für Prävention und Gesundheits-management, rev.20.028.000

Janda, V. (2000). *Manuelle Muskelfunktionsdiagnostik* (4. Aufl.). München: Urban & Fischer

Gallagher, D., Heymsfield, S.B., Heo, M. et al (2000). *Healthy percentage body fat ranges: an approach for developing guidelines based on body mass index.* Am. J. Clin. Nutr. 72(3): 694-701

Chwilkowski, C. (2006). Medizinisches Koordinationstraining – *Verbesserung der Haltungs- und Bewegungskoordination durch Propriozeption (2. Aufl.).* Köln: Deutscher Trainer Verlag.

Andrew R. Mohr, Blaine C. Long, Car- la L. Goad (2014). *Effect of Foam Rolling and Static Stretching on Passiv Hip-Flexion Range of Motion.* Journal of Sport Rehabilitation, 2014, 23, 296-299

https://www.liebscher-bracht.com/ueber-uns/therapie/aktives-passives-dehnen/
Zugriff online am 31.07.2019

7. Tabellenverzeichnis

BEI GRIN MACHT SICH IHR WISSEN BEZAHLT

- Wir veröffentlichen Ihre Hausarbeit, Bachelor- und Masterarbeit

- Ihr eigenes eBook und Buch - weltweit in allen wichtigen Shops

- Verdienen Sie an jedem Verkauf

Jetzt bei www.GRIN.com hochladen und kostenlos publizieren